# Imaginaciones

## Historias para relajarse y meditaciones divertidas para niños

ISBN-10: 0990732231
ISBN-13: 978-0-9907322-3-5

Bambino Yoga, San Diego, CA

# Imaginaciones

## Historias para relajarse y meditaciones divertidas para niños

Por Carolyn Clarke

Traducido por Viviana Scirgalea

Prólogo por Laurie Clarke

Este libro está dedicado a todos los niños
en mis clases de yoga.
Gracias por su alegría y su risa.
Gracias por su paz y su relajación.
Namasté (la luz en mí ve la luz en ti).

# Índice

# Agradecimientos

*Andrew Beling,* mi esposo y mi musa. Gracias por mostrarme apoyo y entusiasmo por este libro desde el primer momento y ayudarme en cada paso del camino.

*Laurie Clarke,* mi madre. Gracias por mostrarme el camino a la relajación y a vivir a través del ejemplo. Tu luz continúa brillando.

*Tim Clarke,* mi padre. Gracias por impulsarme a dar un salto. Tenías razón, la red apareció.

*Russell Clarke,* mi hermano. Gracias por llenar el mundo de música y mostrarme cómo seguir mis sueños creativos.

*Marsha Wenig y la familia de YogaKids, Jodi Komitor, Erich Schiffmann, Ti Harmony, Nischala Joy Devi, Ann West* y todos los maestros de yoga con los que alguna vez me he cruzado. Gracias por enseñarme e inspirarme con ideas, experiencias y motivación.

*The Wednesday Supper Club,* gracias por mantener mi corazón liviano y mi barriga llena.

*Megan Crowley,* gracias por tomar fotografías tan fantásticas. *Rory Eslinger,* gracias por tus hermosas sonrisas y tus posturas de yoga.

Y gracias a todos los que leen y releen este libro y me hacen llegar sus comentarios y su aliento.

# Prólogo por Laurie Clarke

He enseñado yoga desde 1977. Al principio, con frecuencia tenía que explicar la diferencia entre yoga y yogur. Los tiempos definitivamente han cambiado. Ahora millones de personas practican yoga (y probablemente también coman yogur), y el número continúa creciendo. Las personas están buscando maneras de mejorar la calidad de sus existencias, de encontrar un oasis en sus vidas agitadas. Una relajación guiada ofrece este refugio donde la mente permanentemente activa comienza a calmarse. Entramos en un estado de paz, ofreciéndole al cuerpo el descanso profundo que ansía. Una vez que los estudiantes experimentan lo bien que se sienten, muchas veces luego de la primera clase, suelen decir: "Ojalá hubiera encontrado esto hace tiempo. Ojalá hubiera empezado cuando era joven".

Como padres y maestros siempre estamos deseando que la guía que brindamos a nuestros niños los ayude a tener vidas llenas y felices. Qué bendecida me sentí cuando mi hija, Carolyn Clarke, me acompañó en el trabajo de mi vida, adaptándolo a sus propios talentos. Este libro les ofrece una herramienta amorosamente confeccionada para ayudar a calmar las mentes agitadas de los niños, para que puedan conectarse con su sentido propio de paz interior. ¿Qué mejor regalo podemos darles a nuestros niños que plantar la semilla de la tranquilidad en sus mentes fértiles?

Amor y Namasté,

Laurie Clarke

# Una introducción
# para los adultos

La capacidad de relajarse es una habilidad esencial en el mundo agitado de hoy. Los niños se trasladan de la casa a la escuela, a actividades extracurriculares, y de vuelta a casa, generalmente sin tiempo de transición o pausas. Deseamos que los niños lleven adelante vidas felices, relajadas y tranquilas, pero con frecuencia no les enseñamos cómo hacerlo ni les demostramos con el ejemplo. Este libro ofrece historias para ayudar a los niños a aprender a calmar sus cuerpos y a relajar sus mentes.

## Los beneficios de la relajación

Relajarse tiene muchos beneficios para la salud, incluyendo la reducción del estrés, la disminución del ritmo cardíaco, el alivio de la tensión muscular, y una respuesta de relajación general en el cuerpo. La relajación y la habilidad de los niños para relajar sus cuerpos y aclarar sus mentes de manera consciente también puede ayudar a abordar problemas como:

- Ansiedad, estrés y preocupación excesiva

- Trastorno del sueño y pesadillas

- Problemas de ira

- Problemas de foco y concentración

- Necesidades especiales, incluyendo TDA, TDAH, Asperger, autismo, TOC

- Depresión

- Baja autoestima o negatividad

- Duelos

- Cambios en la vida, como una mudanza, un divorcio, cambio de escuela, etc.

La relajación también puede ayudar a abordar desafíos de la vida cotidiana de los niños. Algunos ejemplos incluyen:

- Miedo a la oscuridad a la hora de dormir

- Tener un mal día en la escuela

- Ansiedad porque se aproxima una prueba

- Extrañar al padre o la madre que está trabajando o viajando

- Sentir frustración por una tarea escolar

## Cómo usar este libro

Este libro pretende ser una herramienta para que utilices con tus propios hijos o con los niños con los que trabajas si eres educador, maestro de yoga, terapeuta, o cualquier otra profesión que involucra a los niños. Usa este libro cuando sientas que un niño necesita ayuda para calmar su nivel de energía y enfocar su mente. Lee las historias para relajarse y, si deseas, permite que los niños completen las actividades que puedes encontrar en www.BambinoYoga.com.

Cada historia para relajarse contiene visualizaciones guiadas para que los niños imaginen. Al cerrar los ojos e imaginar lo que les estás leyendo, los niños tienen la oportunidad de relajar sus cuerpos y guiar sus mentes.

Las historias en este libro pueden usarse en cualquier momento que un niño necesite relajarse. Los padres pueden usarlas para ayudar a los niños a tranquilizarse antes de ir a la cama. Los maestros pueden usarlas como transiciones o antes de pruebas o actividades que requieren foco y concentración. Si no hay espacio en el aula para que los niños se acuesten, pídeles que apoyen su cabeza sobre el escritorio mientras lees una historia para relajarse. Si el espacio lo permite, una zona de relajación con almohadones o colchonetas de yoga puede ayudar aún más a la relajación.

Para estimular la relajación, experimenta con accesorios o aromaterapia. Por ejemplo, pulverizar aceite de lavanda en la habitación o aplicar un toque de este aceite en el entrecejo de los niños puede ayudarlos a relajarse. Prueba colocar una almohadilla para los ojos rellena de semillas de lino y hierbas sobre los ojos de los niños para ayudarlos a entrar en clima. Un masaje en los pies con una loción ayudará a que los niños se calmen. Incorporar la manta o almohada preferida del niño también puede hacer que la experiencia sea más acogedora y relajante.

He creado estas historias relajantes para mis clases de yoga para niños. Al final de la clase, los niños se acuestan y cierran sus ojos mientras que les hablo para ayudarlos a relajar sus cuerpos (mira la sección "Poniéndonos cómodos" de este libro). Mientras que sus cuerpos se relajan, les cuento una historia relajante para que sus mentes imaginen. Los niños me han dicho una y otra vez que su parte favorita de la clase de yoga es "cuando se acuestan".

Por favor ten en cuenta que estas historias para relajarse están escritas con un lenguaje coloquial, basado en cómo las cuento cuando las enseño. No tengas miedo de improvisar con el lenguaje, cambiando las palabras para que fluya de manera natural para ti. Intenta leer la historia lentamente y con una voz tranquila y reconfortante. Luego de leer una historia, realiza una pausa y permite que los niños permanezcan en relajación tanto tiempo como quieran. Haz sonar suavemente una campana o usa una voz suave para avisarles gentilmente que la historia ha terminado si el tiempo lo requiere. Si estás leyendo la historia a la hora de dormir, deja que tu hijo o hija se duerma mientras se relaja.

Mi deseo es que este libro traiga paz, felicidad y sentido de tranquilidad a los niños en sus vidas.

Carolyn Clarke

# Introducción
## para los niños

*Adultos: Lean esto a los niños en sus vidas.*

¡Síííí! Es hora de relajarse.

¿Has tenido un día largo en la escuela y necesitas una pequeña pausa? ¿Te sientes enfadado, preocupado, o triste por algo que sucedió hoy? ¿O te sientes bien y quieres sentirte aún mejor?

Relajar nuestros cuerpos y enfocar nuestras mentes nos ayuda a sentirnos felices y saludables. ¡Diviértete imaginando las historias en el libro! Cada una es una aventura para relajarse y puede llevarte a lugares mágicos. Tendrás la oportunidad de:

- ¡Jugar con hadas y gnomos!

- ¡Viajar en globo!

- ¡Nadar bajo el agua!

- ¡Ir a la playa!

- ¡Construir una casa del árbol!

- ¡E incluso viajar en una nave espacial!

Pídele a un adulto o a un amigo que te lea una historia, y disfruta de sentirte tranquilo y en paz.

¡Diviértete y que tengas una feliz relajación!

Carolyn

# Posturas de yoga preparatorias

*Adultos: El yoga puede usarse como una manera de preparar a los niños para relejarse. Estas son las posturas que uso en mis clases de yoga para realizar la transición de actividad a relajación. Hay muchas razones para hacerlo así; en primer lugar, acostarse boca arriba ayuda al cuerpo a relajarse. Esta posición activa la parte del sistema nervioso responsable de la respuesta de relajación del cuerpo (el sistema nervioso parasimpático). Otra razón es que el niño está posicionado en un solo lugar en vez de estar dando vueltas. Además, hay menos distracciones cuando nos acostamos en el suelo, porque los ojos naturalmente miran al techo en lugar de mirar alrededor de la habitación.*

Estas son algunas posturas de yoga divertidas que los niños pueden realizar antes de cualquiera de las historias para relajarse de este libro:

## Abrazo de rodillas

1. Acuéstate en el suelo o en la cama.

2. Lleva las rodillas al pecho.

3. Envuelve tus rodillas con tus brazos como si te estuvieras dando un gran abrazo.

## Bebé feliz

1. Desde el Abrazo de rodillas, deja de abrazar tus piernas.

2. Mantén tus rodillas dobladas, y sube tus pies en el aire.

3. Levanta los brazos y toma tus pies con tus manos.

## Piernas arriba

1. Desde la postura del Bebé feliz, deja de tomar tus pies con tus manos.

2. Sube las piernas bien estiradas en el aire.

3. También puedes realizar esta postura con tus piernas apoyadas sobre una pared.

## Postura de relajación (o "Savasana")

1. Desde la postura de Piernas arriba, baja tus piernas, primero una y después la otra.

2. Estira tus piernas en el suelo con un poco de espacio entre tus pies.

3. Deja caer tus brazos a los costados del cuerpo, con las palmas mirando al cielo.

*Nota: La Postura de relajación, o Savasana, puede usarse en cualquiera de las historias a continuación.*

# Poniéndonos cómodos

*Adultos: Intenten comenzar cada historia pidiéndoles a los niños que aquieten sus cuerpos y se pongan cómodos.*

¿Estás cómodo?

Bueno, intenta esto:

Acuéstate en Postura de relajación.

Aprieta suavemente los músculos de los dedos de tus pies,
y luego deja que se relajen.

Ahora aprieta tus piernas, todo el recorrido hasta los dedos de los pies,
apretando, apretando, apretando...

Y deja que se relajen.

Ahora aprieta suavemente tu barriga, y luego afloja.

Ahora aprieta todos los músculos de tus brazos y manos.

Cierra tus manos en puño, apriétalas fuerte,
y luego deja que tus brazos se relajen en el suelo.

Ahora aprieta todos los músculos de tu cara, como una cara arrugada, y luego
deja que se relajen, para que tu cara quede suave.

Ahora siente que todo tu cuerpo se derrite en el suelo,
como si fuera helado en un día caluroso de verano.

Siéntete flojo y blando como un fideo cocido.

Siente lo relajado y tranquilo que está tu cuerpo.

¡Ahora estás cómodo!

*Nota: Este ejercicio puede realizarse por separado o antes de otra historia para relajarse. Puedes decir: "Mientras tu cuerpo se relaja, esta es una historia para que imagines".*

*Elige cualquiera de las historias para relajarse en las páginas siguientes.*

# Historias para relajarse

# Un día en la playa

Imagina que estás caminando por la playa.

Siente la arena entre tus dedos. ¿Está mojada o seca?

Cuando encuentres el lugar perfecto,

Estira tu toalla y acuéstate en la arena.

Siente el sol cálido en tu piel y una brisa refrescante.

Escucha a las olas romper en la orilla…

Niños jugando…

Gaviotas cantando…

Y gente riendo.

Escucha el sonido de las olas.

Una ola llega a la orilla, y luego la ola vuelve al océano.

Ahora, coloca tus manos sobre tu barriga.

Siente cómo sube cuando tomas aire al respirar,

Y siente cómo baja cuando dejas salir el aire.

Arriba y abajo, adentro y afuera. Igual que las olas en el océano…

Disfruta estar aquí acostado sintiendo tu cuerpo relajado en la playa.

# Cielo nocturno

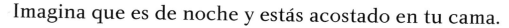

Imagina que es de noche y estás acostado en tu cama.

Mira hacia arriba,

E imagina que el techo se abre y puedes ver el cielo de la noche.

Un búho pasa volando—
"Buhu" "Buhu"

La luna ilumina tu habitación y hace que todo brille.

Encima de ti hay un cielo lleno de estrellas.

Titilan y resplandecen como diamantes.

¿Puedes contar cuántas estrellas hay?

¿Puedes ver alguna constelación o alguna forma que dibujen las estrellas?

¡De pronto ves una estrella fugaz!

Tienes que tener mucha suerte para haberla visto, ¡así que pide un deseo!

Ahora imagina que eres una estrella.

Tus brazos, tus piernas y tu cabeza son cada punta de la estrella.

Brillas y titilas igual que una estrella en el cielo.

Relájate y recuerda que eres tan brillante como una estrella en el cielo.

# Viaje en globo

Imagina que subes a un gran globo que viaja por el aire.

¿De qué color es tu globo?
¿De tu color favorito?
¿De todos los colores del arcoíris?
¿A lunares?

Respira profundo, y luego sopla, para llenar de aire tu globo.

Siente cómo el globo se despega del piso y comienza a flotar en el aire.

¿Ves algún pájaro, aviones o nubes?

Mira hacia abajo —¡Creo que estás volando justo encima de tu casa!—

Ahora elige a dónde quieres volar… a cualquier lugar que quieras ir.

La playa… las montañas… el Polo Norte… el desierto… la jungla…

Una vez que llegas a ese lugar, siente cómo tu globo aterriza suavemente.

Imagina que sales del globo para explorar.

¿Qué ves?
¿Qué olores hueles?
¿Qué escuchas?
¿Qué sientes?
¿Sientes algún sabor?

Ahora vuelve a subir a tu globo.

Dile adiós con la mano a cualquier amigo que hayas hecho en el viaje.

Respira profundo y luego sopla para llenar otra vez el globo de aire.

Siente cómo sube y flota hasta llevarte de vuelta a casa.

Aterriza tu globo en el suelo, sano y salvo.

# Tu burbuja

Imagina que tienes un frasco con jabón para hacer burbujas.

Abre la tapa.

Saca la varita mágica de burbujas.

Ahora imagina que soplas y sale una burbuja.

Se vuelve más grande y más grande y más grande…
Ahora es tan grande como tu cabeza.

Y luego se vuelve más grande…
Y más grande…
Y más grande.

Es tan grande que te envuelve suavemente.

¿De qué color es tu burbuja?
¿Hay algo o hay alguien contigo adentro de la burbuja?
¿Qué sonidos escuchas?
¿Qué olor tiene?

Siente lo seguro que estás dentro de tu propio mundo en la
burbuja.

Nada te puede lastimar aquí.

Cuando estés listo, imagina que con tu dedo pinchas
con cuidado la burbuja hasta que explota.

El aire sale lentamente de la burbuja,
y empiezas a ver la habitación a tu alrededor.

Cuando tengas miedo, solo imagina que estás dentro
de tu propia burbuja, en donde estás a salvo.

# Tu nuevo amigo, El Árbol

*Adultos: Las palabras "inhalar" y "exhalar" aparecen en la siguiente historia. Según la edad del niño, puede ser útil compartir con ellos una explicación y demostración de la acción de inhalar y exhalar.*

Imagina que estás caminando por un bosque.

Cualquier árbol que te puedas imaginar está aquí en este bosque.

Árboles de manzanas, pinos, palmeras...
Árboles de bananas, arbustos, naranjos...

Incluso los árboles imaginarios están aquí en este bosque,
como los árboles de caramelos y árboles que conceden deseos.

Imagina que caminas hasta el árbol que más te gusta.

Toca su corteza y descubre cómo se siente en tu piel.

Huele sus hojas.

Si tiene frutas, toma un mordisco y siente su sabor.

Ahora imagina que te trepas a sus ramas, sintiéndote muy seguro.

Cuando llegas a la parte más alta, mira a tu alrededor
y observa a todos los árboles de este bosque.

Ahora baja y descansa a la sombra del árbol.

Tómate tu tiempo para disfrutar de pasar el rato con tu nuevo amigo.

Los árboles exhalan lo que nosotros inhalamos al respirar.

Así que respira profundo y llénate de oxígeno.

Y lentamente deja que el aire salga para que
el árbol también pueda respirar.

# Si pudiera volar

Imagina que puedes volar.

Imagina tus alas.

¿De qué color son?

¿Cómo se sienten?

Ahora imagina que agitas tus alas y levantas vuelo hacia el cielo.

Puedes volar tan alto o tan bajo como quieras.

Mira hacia abajo y observa todo lo que está debajo de ti…

¿Puedes ver tu casa?

¿Tu escuela?

¿Tu parque y tu patio de juegos favorito?

¿Qué tan lejos puedes volar?

¿Hasta otra ciudad?

¿Hasta otra región?

¿A otro país?

¿A otro planeta?

¿Hasta otra galaxia?

Sigue volando hasta que estés listo para regresar a casa.

# Nubes en el cielo

Imagina que estás acostado en un campo muy grande.

Respira profundo y siente el aroma de todas las plantas
y el pasto a tu alrededor.

Siente la suavidad del pasto en tus pies, tus piernas,
tu espalda, tus brazos y tu cabeza.

En cualquier parte en donde el pasto te toque,
siente que el cuerpo se relaja y se apoya en el suelo.

Siente el peso de tu cuerpo sostenido por la Tierra.

Encima de ti está el cielo, enorme y azul,
con muchísimas nubes que flotan.

Nubes planas.

Nubes esponjosas

Nubes a rayas.

Nubes a lunares.

Nubes de diferentes colores.

Elige una nube y mírala mientras se mueve lento.

Mientras flota por el cielo, mírala transformarse
en diferentes formas y diseños.

Encuentra otra nube y mira cómo se mueve y se transforma.

Aquí viene una nube que parece un corazón gigante.

Piensa en algo que amas y mira cómo la nube se convierte en eso.

Disfruta estar aquí acostado, relajado en el pasto,
mirando las nubes pasear por el cielo.

# Un viaje en tu nave espacial

Imagina que estás despegando hacia el espacio.

Imagínate a ti mismo poniéndote tu traje espacial y tu casco.

Ve a buscar tu nave espacial y entra.

¡No olvides abrocharte el cinturón de seguridad!

Diez, nueve, ocho, siete, seis, cinco, cuatro, tres, dos, uno…

¡Despega!

Tu nave espacial despega y sube hacia el cielo.

Sube más alto y más alto y más alto...

Hasta que puedes ver la Tierra entera desde arriba.

¿Puedes ver la luna?

¿Las estrellas?

¿Ves otros planetas?

¿Puedes ver el sol?

¿Un cometa?

¿Puedes ver tu casa?

¿Las ventanas de tu habitación?

Tómate todo el tiempo que quieras para volar a través del espacio en tu nave espacial.

# El bosque encantado

Imagina que estás caminando y entras a un bosque mágico y encantado.

Te sientes muy seguro mientras estás en este bosque.

Mira los árboles al pasar a su lado.

¿Los ves sonriéndote y haciéndote caras graciosas?

Respira profundo y descubre si hueles algo mágico en este bosque.

Presta atención a ver si escuchas algún sonido,
como pájaros o el viento en los árboles.

Mientras caminas cada vez más adentro del bosque,
sientes que tu cuerpo se encoge.

Sintiéndote muy seguro, te vuelves más pequeño y más pequeño.

Cerca de ti ves algunas criaturas mágicas —
¡Duendes y hadas!

Son amigables y del mismo tamaño que tú.

Síguelos por el bosque para ver a dónde te llevan.

¡Eres tan pequeño que puedes ir a cualquier lugar!

Puedes flotar sobre una hoja en el lago.

Puedes trepar por una planta y subirte a los pétalos de una flor.

Hasta puedes sentarte sobre un hongo.

Imagina todos los lugares que puedes explorar en este bosque encantado.

Continúa explorando junto a tus nuevos amigos
hasta que estés preparado para despedirte.

# La caminata

Imagina que estás dando una caminata en cualquier lugar del mundo.

Imagina ese lugar—

¿En una montaña?

¿Por la playa?

¿En un bosque?

¿Junto a un río?

O tal vez en el patio o el jardín de tu casa.

Mientras caminas, escucha el sonido de tus pies en el suelo.

Siente el calor del sol...

La frescura de la brisa en tu piel.

¿Escuchas o ves algún animal?

Respira profundo—

¿Qué hueles?

¿Sientes algún sabor?

Disfruta el aire fresco...

El cielo azul...

Y, cuando termines de explorar, camina de regreso a casa.

# El globo del amor

Imagina que tienes el globo más grande del mundo.

Puede ser de cualquier color que te guste.

Ahora imagina que quieres darle este globo a alguien que amas.

Respira profundo.

Ahora sopla suavemente e imagina que estás llenando el globo con amor.

Respira...

Sopla...

Respira...

Sopla...

Sigue respirando, tomando aire y soplando suavemente,
mientras llenas tu globo.

Ata una cuerda alrededor de la boca del globo cuando esté lleno.

Agárrate de la cuerda,
y siente cómo este globo gigante te levanta del suelo.

El globo es tan grande que puede llevarte a cualquier lugar del mundo.

Imagina que el globo te lleva con esa persona que amas.

Regálale el globo,
Y siente lo feliz que está de recibir este regalo de amor.

# Bajo el mar

Imagina que estás nadando bajo el océano.

Tienes un pequeño tanque de aire, por lo que puedes quedarte allí abajo y respirar todo lo que quieras.

Escucha el sonido de tu respiración y deja que el sonido te relaje.

¿Tu respiración suena como el sonido del océano?

Siente qué liviano está tu cuerpo mientras flota en el agua.

Imagina que nadas hasta un lugar lleno de todas
tus criaturas marinas favoritas.

Quizá ves ballenas...
Delfines...
Caballitos de mar...Grupos de peces coloridos...
Rayas...
Langostas...
Tortugas marinas...
Cualquiera de tus animales marinos favoritos... Imagínalos ahora...

¿Escuchas algún sonido?

¿Ballenas cantando?

¿El sonido de las olas encima de ti?

¿Sientes algo?

¿El agua?

¿Algas haciéndote cosquillas en los dedos de los pies?

¿La piel suave de un delfín?

Disfruta todo a tu alrededor mientras flotas bajo el mar.

# Mi casa del árbol

Imagina el árbol más bello del mundo.

¿Es una palmera?
¿Un roble?
¿Un árbol alto?
¿Un árbol bajo?

Ahora imagina que construyes en él una casa del árbol.

Usa todas las herramientas que necesites
para crear tu propio lugar en este árbol.

Sube hasta tu casa del árbol.

Puedes traer contigo cualquier cosa especial
(tal vez una manta o un animal de peluche).

Ahora imagina lo que puedes ver desde tu casa del árbol.

¿Una vista del océano?
¿Un bosque lleno de árboles?
¿Estás tan alto que puedes ver todo el recorrido hasta una ciudad lejana?
¿Puedes tocar el cielo?

Ahora imagina que estás acostado en tu casa del árbol.

¿Puedes escuchar el viento en las hojas de tu árbol?

Siente lo seguro que tu casa del árbol te hace sentir.

Nada puede lastimarte cuando estás en tu casa del árbol.

Puedes volver a tu casa del árbol en cualquier momento,
solo tienes que cerrar tus ojos.

# Poción mágica de flores

Imagina que estás preparando una poción mágica.

Frente a ti hay una olla muy grande.

Pon en la olla todo lo que quieras poner.

Quizá algunas frutillas, brillantina o purpurina, y la pluma de un pájaro...

Tal vez una canica, un auto de juguete y el diente de un tiburón.

Ahora imagina que la poción empieza a hervir y a burbujear.

Revuélvela... y revuélvela... y revuélvela....

Sírvete una cucharada de la poción y bebe un pequeño sorbo.

¿Qué hace tu poción mágica?
¿Es una poción de amor?
¿Una poción de paz?
¿Una poción para la risa?

Ahora imagina que la poción cambia de color.

Se transforma en una poción que convierte tu respiración en flores.

Bebe un sorbo.

¿Puedes ver las flores cuando exhalas y dejas salir el aire?

Imagina que tu poción vuelve a cambiar de color.

Ahora es una poción para relajarse.

Imagina que bebes un sorbo.

Siente cómo se relajan tus pies...
Tus piernas...
Tu barriga...
Tus brazos...
Tu espalda...
Tu cabeza y tu cara...

Hasta que todo tu cuerpo se siente completamente relajado.

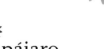
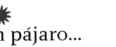

# Plantar una semilla

Imagina que tienes una semilla mágica en tus manos.

Susúrrale un secreto a la semilla.

Cuéntale en qué quieres que se transforme cuando crezca.

Ahora cava un hoyo en la tierra.

Planta tu semilla en el hoyo y cúbrela con tierra.

Imagina que comienza a llover.

El agua penetra lentamente en la tierra.

Ahora sale el sol y brilla fuerte sobre el jardín.

Empiezas a ver un pequeño brote que sale de la tierra.

Crecen raíces enredadas debajo de la tierra.

Y la semilla crece

Y crece...

Y crece...

¿En qué se transformó?

¿En un árbol?

¿En una flor?

¿En una planta de frutillas?

¿En un árbol mágico?

Disfruta de esto tan hermoso en lo que tu semilla
se ha convertido al crecer.

# Dedos luminosos

Elige un color.
¿Rojo como las rosas?
¿Naranja brillante?
¿Amarillo como el sol?
¿Verde como las hojas?
¿Azul como el cielo?
¿Púrpura resplandeciente?

Ahora mira cómo los dedos de tus pies se iluminan con tu color favorito.

Cuando los dedos de tus pies se ponen de este color,
siente que esos dedos se relajan.

Ahora mira cómo tus piernas se iluminan,
Y tus piernas se relajan.

Tu barriga se ilumina,
Y tu barriga se relaja.

Tu espalda se ilumina,
Y tu espalda se relaja.

Tu cabeza y tu cara se iluminan,
Y también se relajan.

Ahora mira cómo la luz colorida se mueve a través de tus brazos.
Y tus brazos también se relajan.

Todo tu cuerpo está lleno de luz,
Tanta luz que esta luz empieza a dispararse
de la punta de los dedos de tus manos.

Puedes dibujar en el aire con tus "dedos luminosos".

Puedes enviar a tu familia un poco de esta luz colorida y relajante...
A tus amigos...
Incluso puedes enviar luz alrededor del mundo
a personas que no conoces.

Ahora siente que todo tu cuerpo se relaja y brilla.

# Amor generoso

Imagina que estás enviándote amor a ti mismo. ¿Cómo lo harías?

¿Te enviarías una tarjeta de San Valentín?

¿Usarías tu voz?

¿Te darías un abrazo?

¿Te darías un beso?

Ahora dile a cada parte de tu cuerpo que la amas:

Los amo, pies.

Las amo, piernas.

Te amo, barriga.

Te amo, espalda.

Los amo, brazos.

Te amo, cara.

Observa cómo se siente tu cuerpo cuando le dices que lo amas.

Ahora piensa en alguien a quien amas mucho.

Tal vez alguien en tu familia o tu mejor amigo o amiga.

Envíales un poco de amor.

Ahora piensa en alguien que es malo o antipático.

Envíale amor a esta persona también.

Algunas veces las personas son malas porque no se sienten amadas.

Así que envíale a esa persona un poco más de amor.

Ahora piensa en todas las personas en el mundo entero.

Envíales un poco de amor a ellas también.

Ahora imagina a todas estas personas a las que les has enviado amor...
E imagina que todas esas personas te devuelven ese regalo
y te envían también a ti un poco de amor.

¡Tal vez hasta lo puedas sentir!

# Más información

Visita BambinoYoga.com para obtener más recursos,
actividades e información sobre la relajación para niños.

Hay descuentos en compras al por mayor para uso educativo,
promocional o empresarial. También estamos disponibles
para eventos especiales, talleres y clases.

Para obtener más información por favor contáctanos en:

Sitio web: BambinoYoga.com

Correo electrónico: info@BambinoYoga.com

Proof